PIANO • VOCAL • GUITAR

LADY GAGA
THE FAME MONSTER

ISBN 978-1-4234-9371-6

HAL•LEONARD® CORPORATION

7777 W. BLUEMOUND RD. P.O. BOX 13819 MILWAUKEE, WI 53213

Visit Hal Leonard Online at
www.halleonard.com

BAD ROMANCE

Words and Music by STEFANI GERMANOTTA
and NADIR KHAYAT

Moderate Techno groove

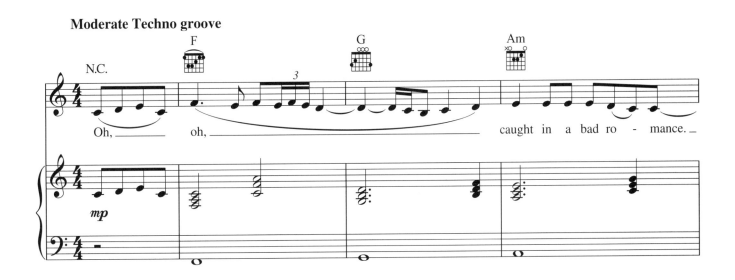

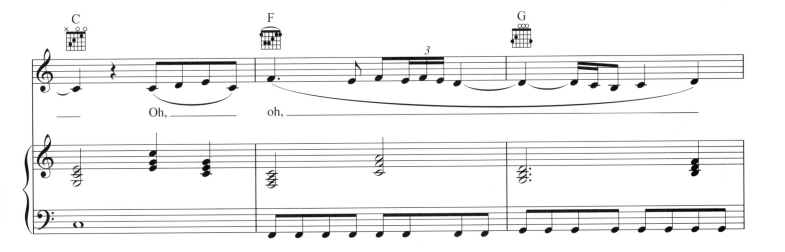

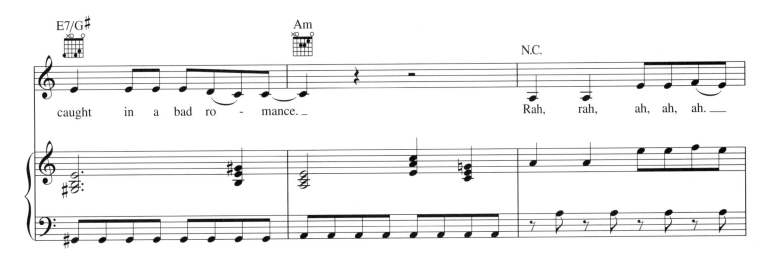

Love, love, love, I want your love.

I want your dra - ma, the touch of your hand, __ hey. I want your leath - er - stud - ded
I want your psy - cho, your ver - ti - go shtick, __ hey. While you in my rear win - dow,

kiss in the sand. __ I want your love.
ba - by is sick. __ I want your love.

Love, love, love, I want your

love.
(Love, love, love, I want your love.)

Am

You know that I want __ you

and you know that I need _ you.   I want it bad,   bad ro - mance. _

I want your love and _ I   want your re - venge, _ you and me _ could write a bad   ro - mance. _

Oh, _____   I want your love and all your   lov - in's re - venge, _ you and me _

___ could write a bad   ro - mance.   Oh, _____   oh, _____

caught in a bad ro - mance. _ Oh, _____

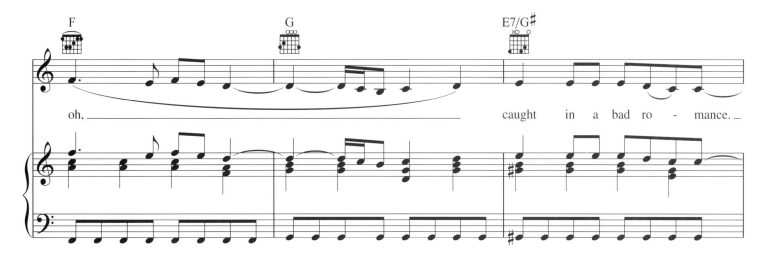

oh, _____ caught in a bad ro - mance. _

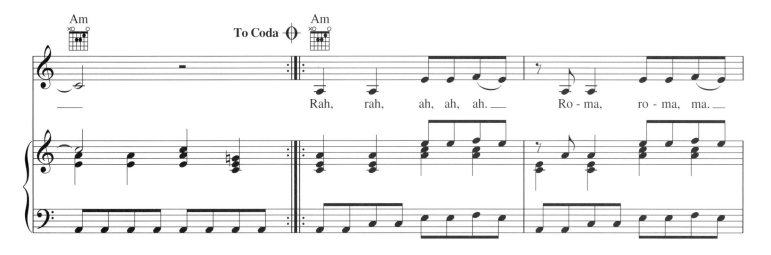

_ Rah, rah, ah, ah, ah. _ Ro - ma, ro - ma, ma. _

Ga - Ga, ooh - la - la, _ want your bad ro - mance. Walk, walk, fash - ion ba - by.

Work it, move that bitch, cra - zy. Walk, walk, fash-ion ba - by. Work it, move that bitch, cra - zy.

Walk, walk, pas-sion ba - by. Work it, I'm a free _ bitch, ba - by. I want _ your love _

_ and I want your re - venge. _ I want _ your love, _ I don't wan - na be friends. _

_ Je ton _ a - mour, _ et je veux ton re - venge. _ Je ton _ a - mour. _

ALEJANDRO

Words and Music by STEFANI GERMANOTTA
and NADIR KHAYAT

Spoken: "I know that we are young, and I know that you may love me

but I just can't be with you like this anymore, Alejandro."

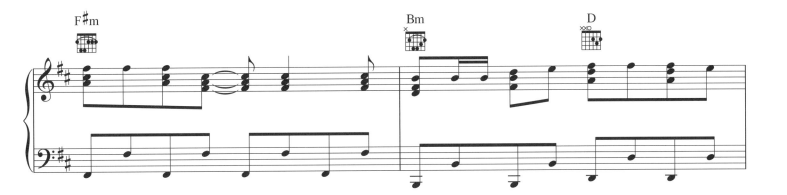

She's got both hands ___ in her
bro - ken, ___ she's just a ba -

pock - ets
- by

and she ___ won't look at you, ___ won't look at you. ___
but her boy-friend's like a dad, ___ just like a dad. ___

ing to lose. ___ Don't call my name, ___ don't call my name, Al - e -

jan - dro. ___ I'm not your babe, ___ I'm not your babe, ___ Fer -

nan - do. ___ Don't want to kiss, ___ don't want to touch, _ just smoke my

cig - a - rette _ and hush. _ Don't call my name, ___ don't call my name, _ Ro -

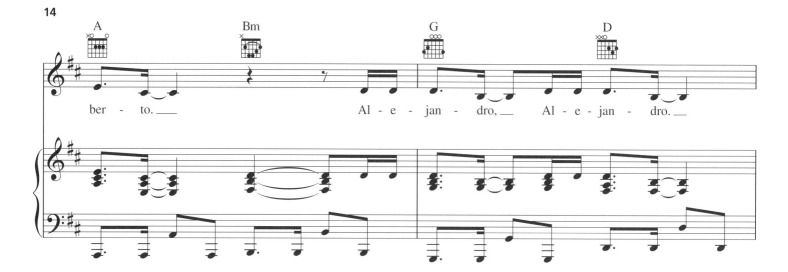

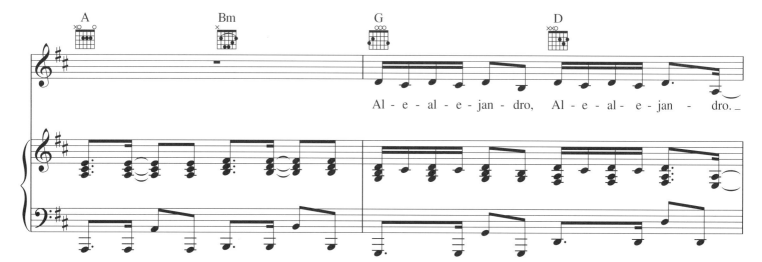

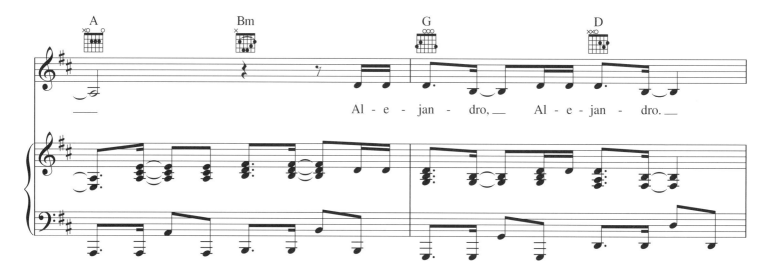

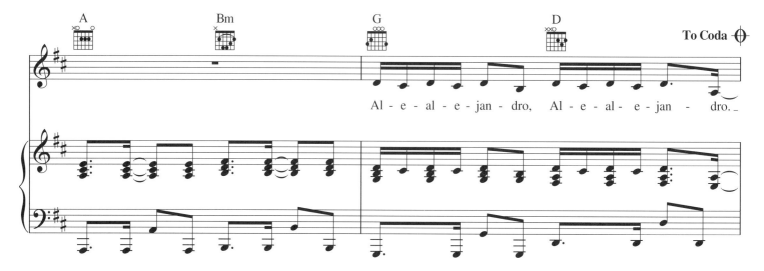

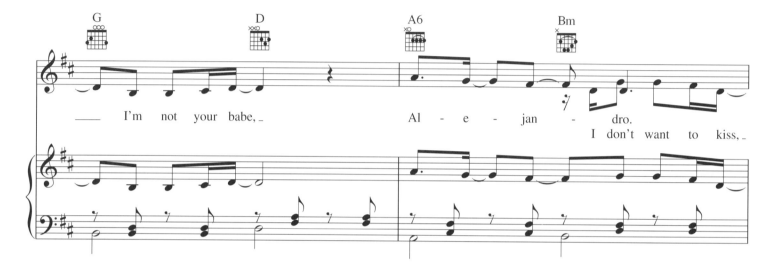

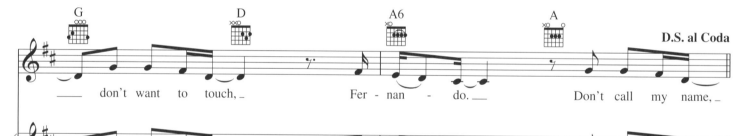

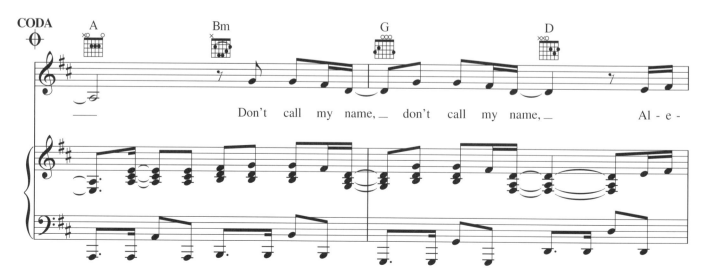

jan - dro. __ I'm not your babe, __ I'm not your babe, __ Fer -

nan - do. __ Don't want to kiss, __ don't want to touch, __ just smoke my

cig - a - rette __ and hush. __ Don't call my name, __ don't call my name, __ Ro -

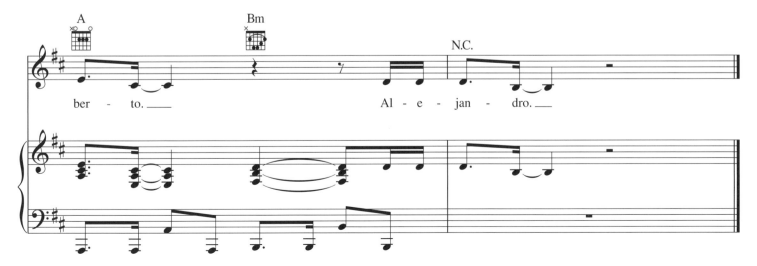

ber - to. __ Al - e - jan - dro. __

MONSTER

Words and Music by STEFANI GERMANOTTA,
NADIR KHAYAT and NIK DRESTI

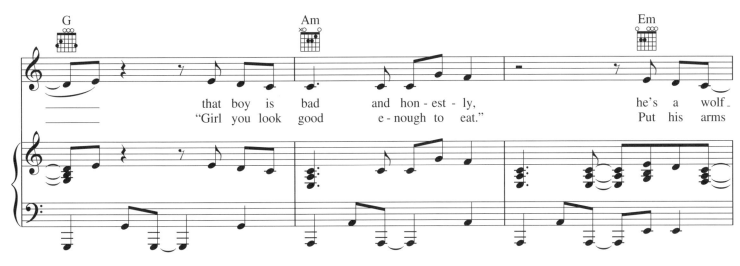

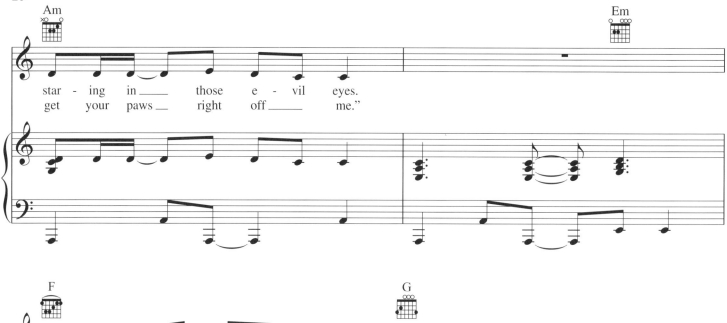

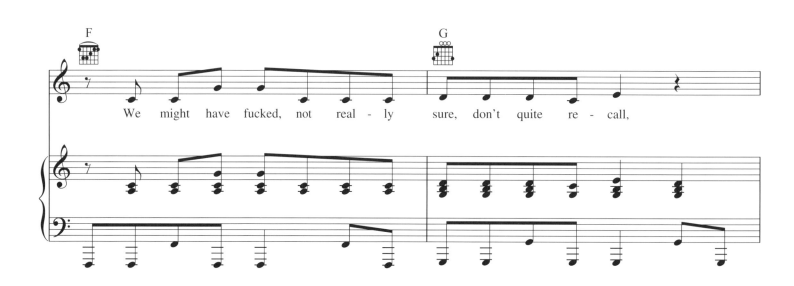

but some-thing tells me that I've seen him, yeah. That boy is a mon-

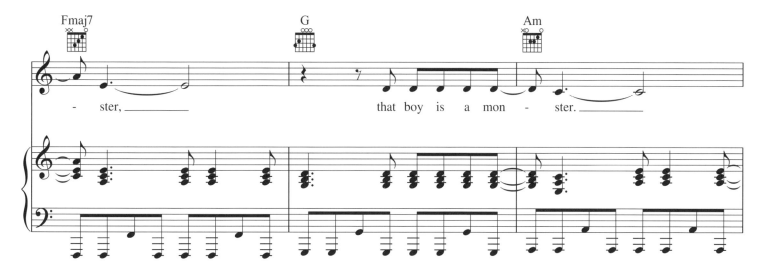

-ster, _____ that boy is a mon - ster. _____

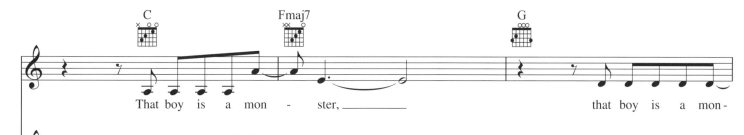

That boy is a mon - ster, _____ that boy is a mon-

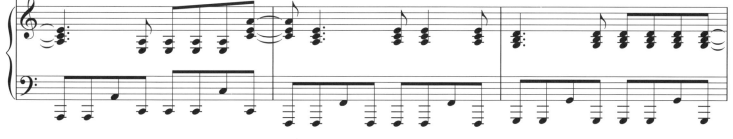

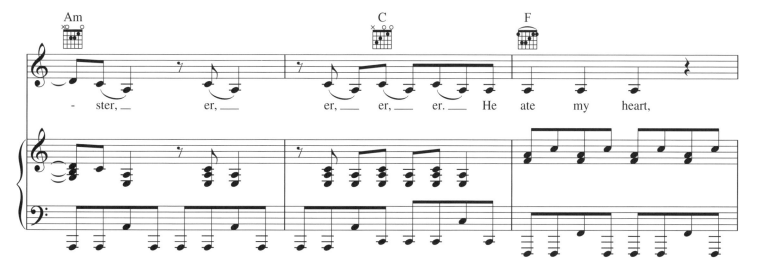

-ster, ___ er, ___ er, ___ er, ___ er. ___ He ate my heart,

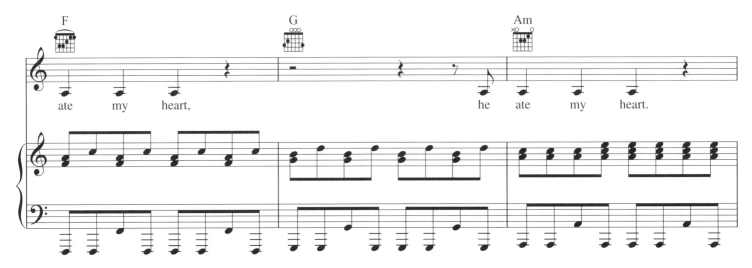

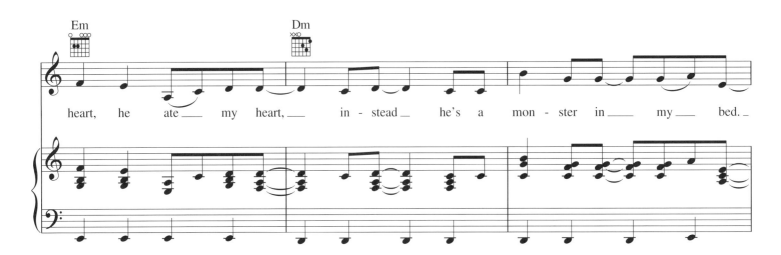

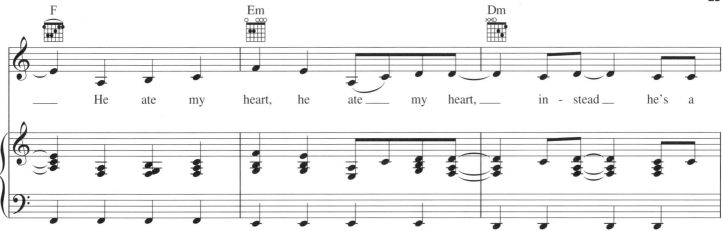

He ate my heart, he ate ___ my heart, ___ in - stead ___ he's a

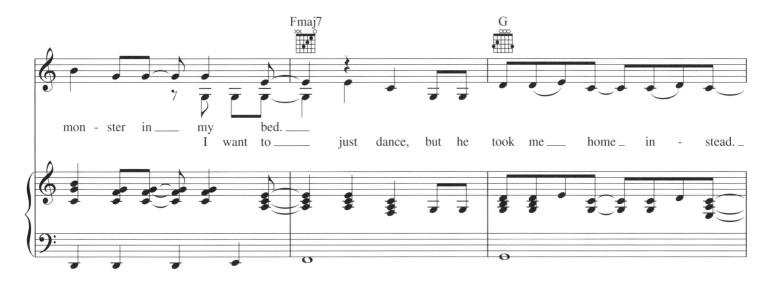

mon - ster in ___ my bed. ___
I want to ___ just dance, but he took me ___ home _ in - stead. _

___ Uh oh, ___ there was a mon - ster in ___ my bed. ___

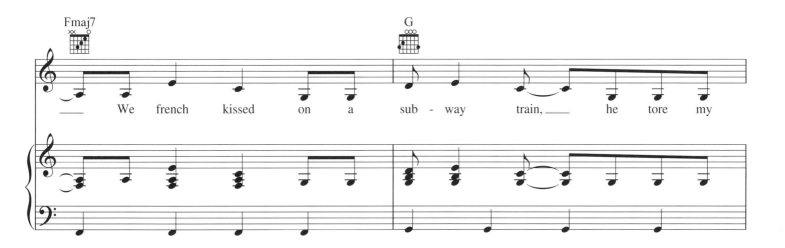

___ We french kissed on a sub - way train, ___ he tore my

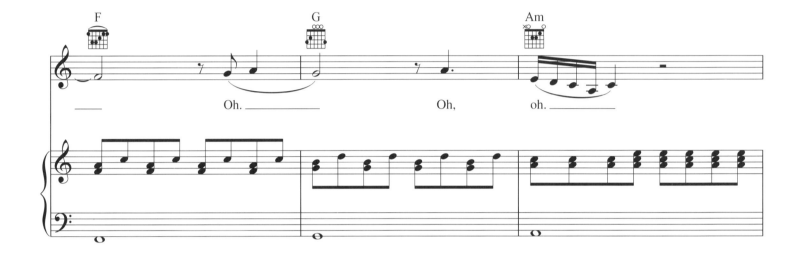

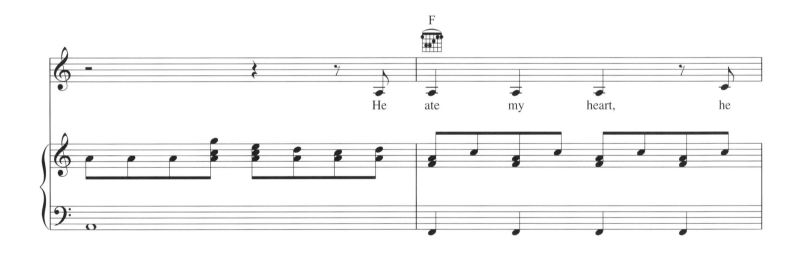

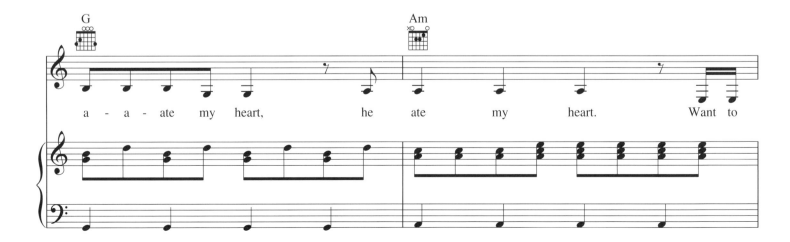

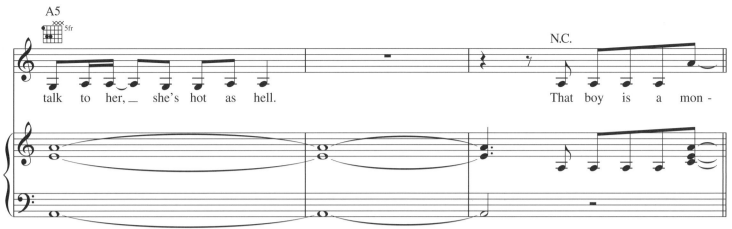

talk to her, __ she's hot as hell. That boy is a mon-

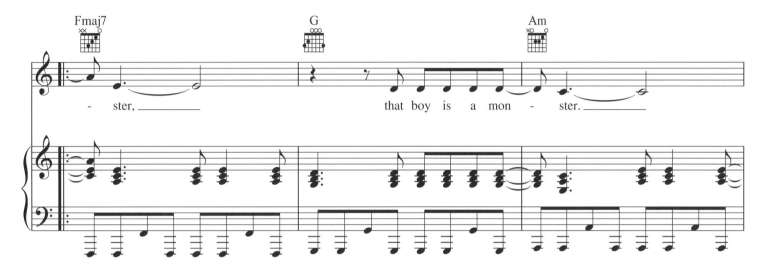

-ster, _____ that boy is a mon - ster. _____

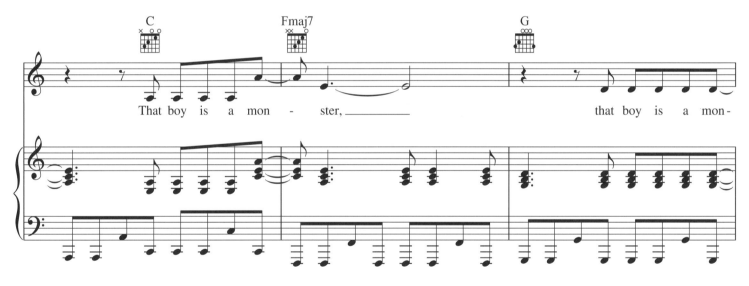

That boy is a mon - ster, _____ that boy is a mon-

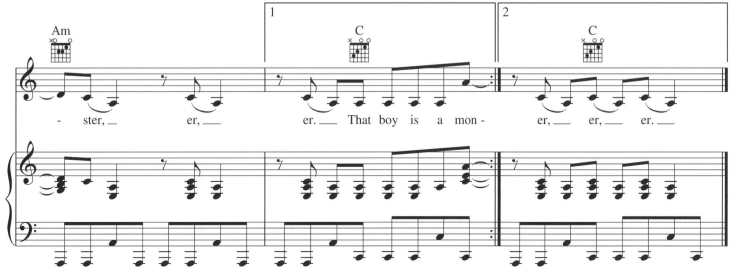

-ster, __ er, __ er. __ That boy is a mon - er, __ er, __ er. __

SPEECHLESS

Words and Music by
STEFANI GERMANOTTA

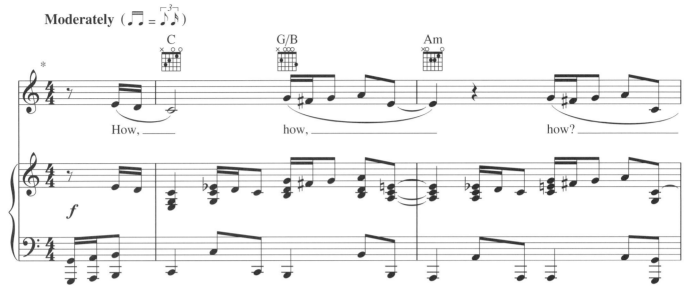

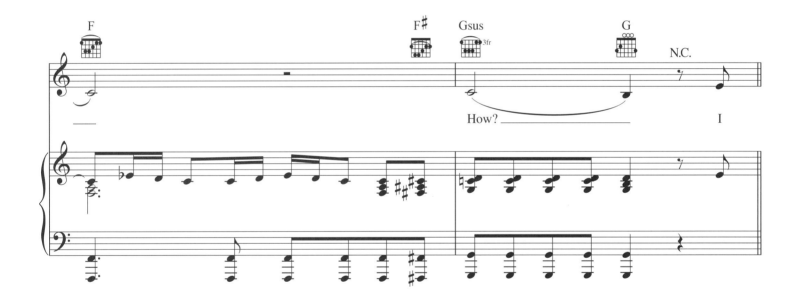

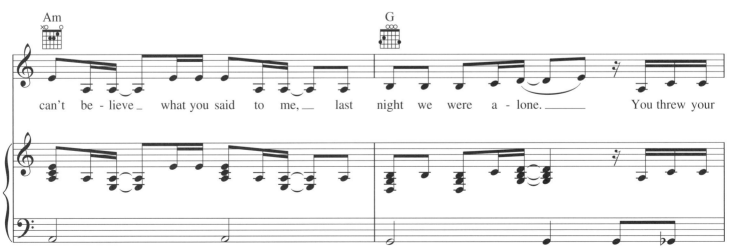

Recorded a half step higher.

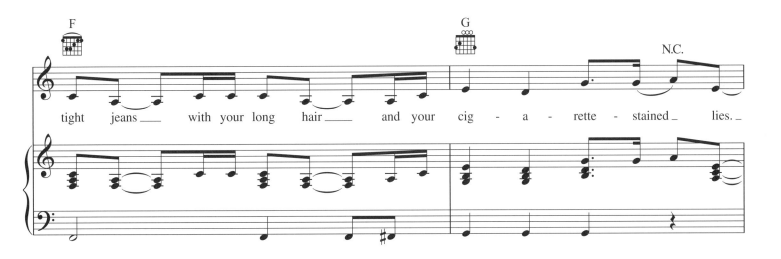

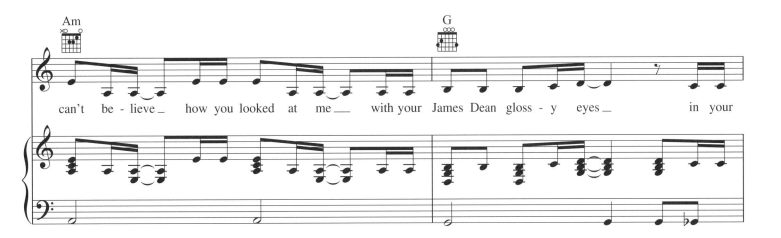

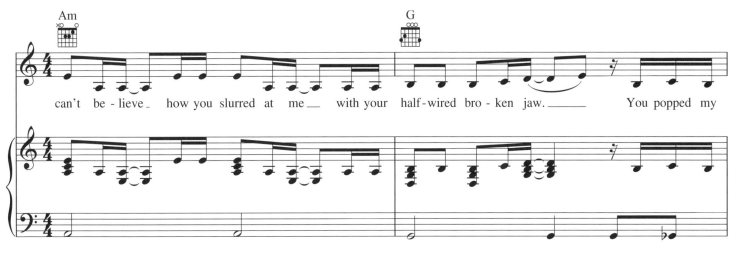

can't be - lieve _ how you slurred at me _ with your half-wired bro - ken jaw. _____ You popped my

heart seams _____ on my bub - ble dreams, bub - ble _____ dreams. _____ I

can't be - lieve _ how you looked at me _ with your John - nie Walk - er eyes. _ He's gon - na

get you. _____ And af - ter he's through, _ there's gon' be no love left to _____ rye. _

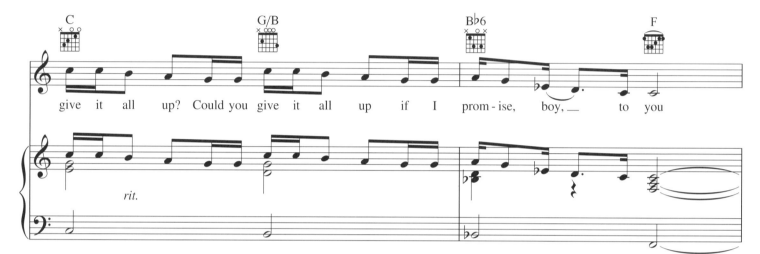

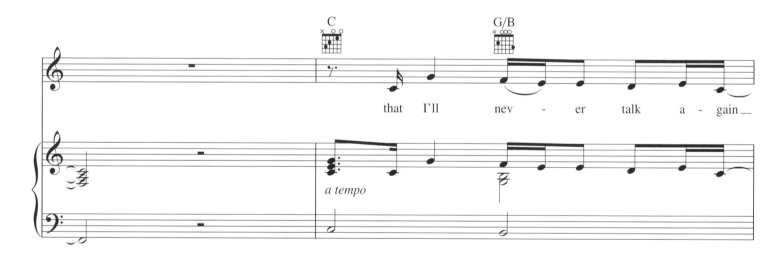

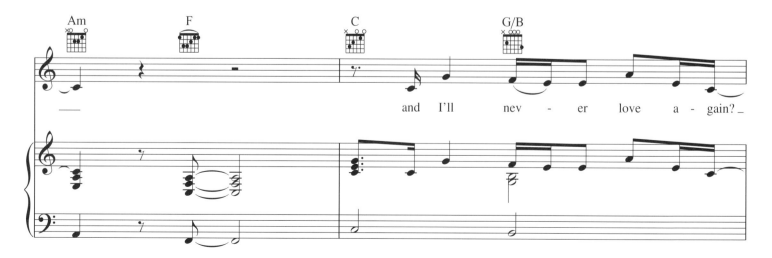

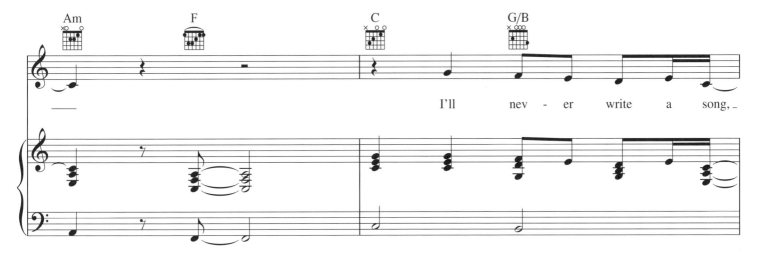

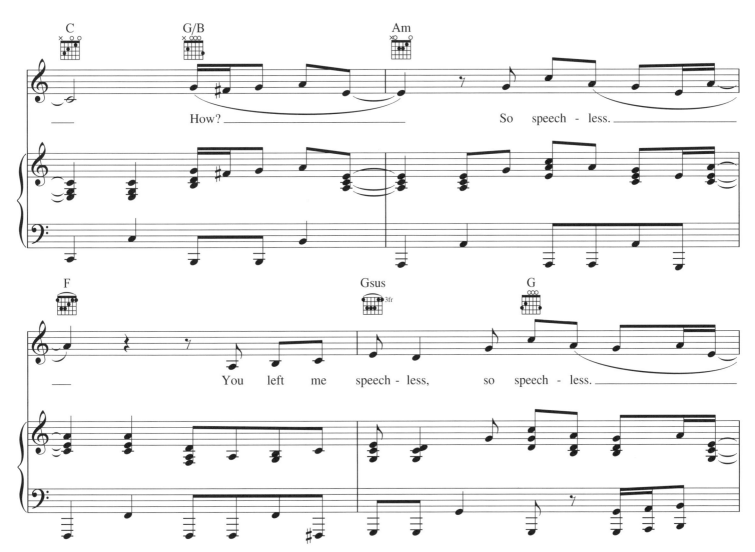

DANCE IN THE DARK

Words and Music by STEFANI GERMANOTTA
and FERNANDO GARIBAY

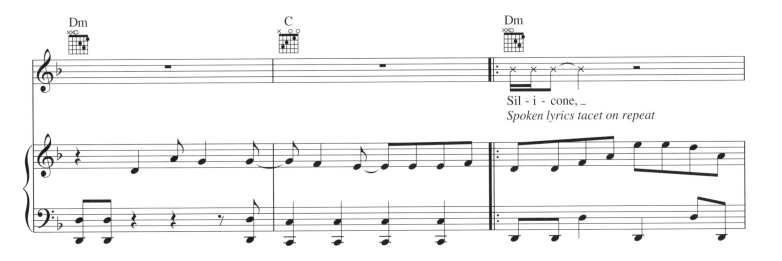

Sil - i - cone,

Spoken lyrics tacet on repeat

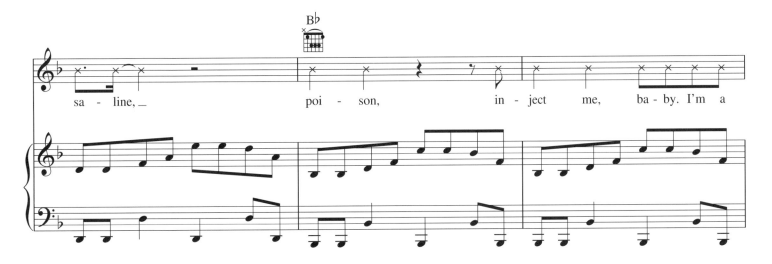

sa - line, poi - son, in - ject me, ba - by. I'm a

free, bitch, ___ I'm a free, bitch. _

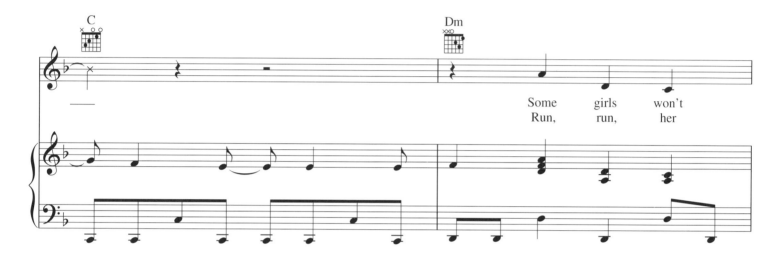

Some girls won't
Run, run, won't her

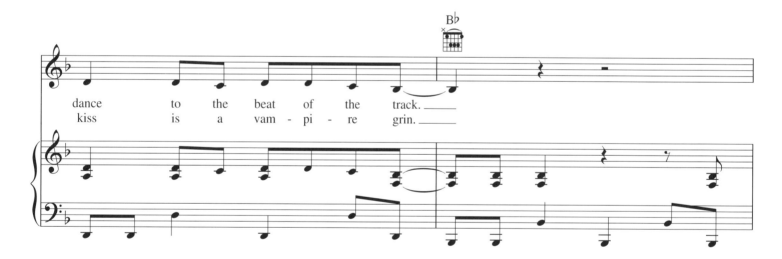

dance to the beat of the track. ___
kiss is a vam-pi-re grin. ___

She won't walk a-way, ___
The moon lights a-way ___

but she won't look back.
while she's howl - ing at him.

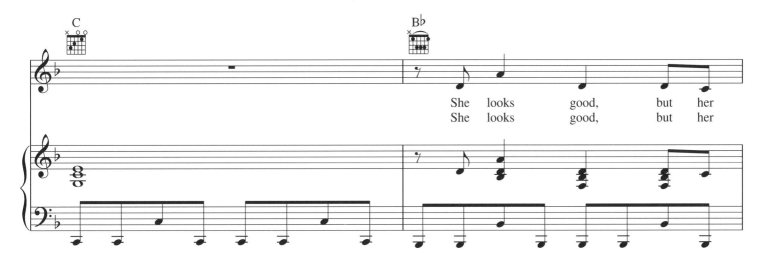

She looks good, but her
She looks good, but her

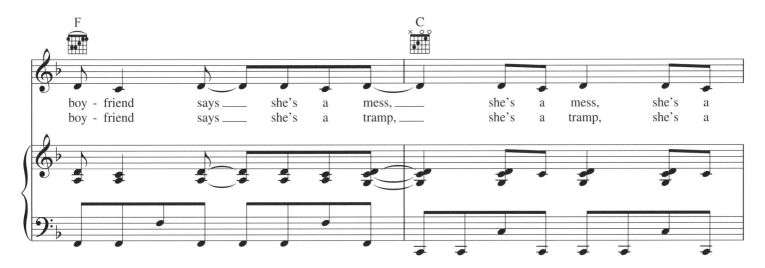

boy - friend says she's a mess, she's a mess, she's a
boy - friend says she's a tramp, she's a tramp, she's a

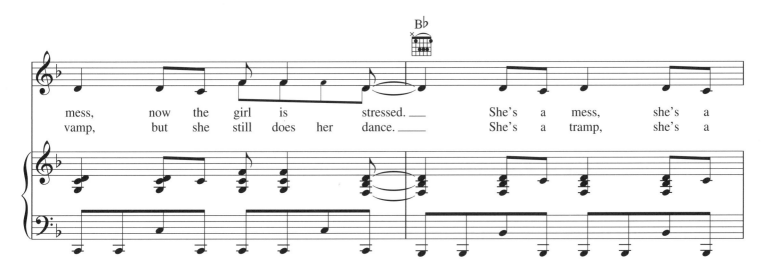

mess, now the girl is stressed. She's a mess, she's a
vamp, but she still does her dance. She's a tramp, she's a

mess,   she's   a   mess, she's   a   mess. ____
vamp,   but   she   still   kills the   dance. ____

Ba - by loves to dance   in   the   dark, _____

____ 'cause when he's look - ing, she   falls   a -   part. _____

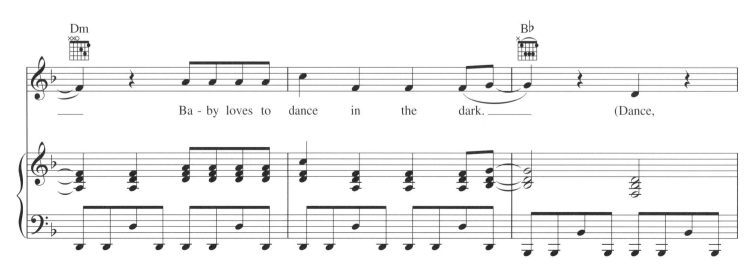

____ Ba - by loves to dance   in   the   dark. _____ (Dance,

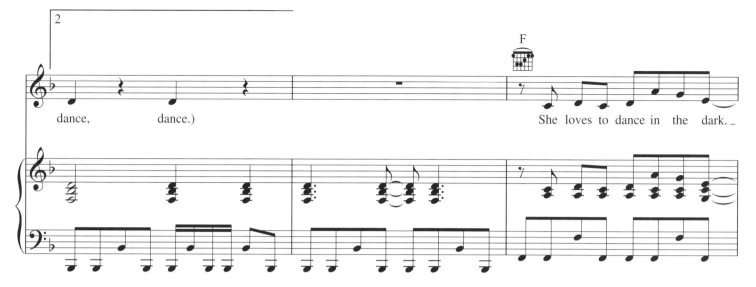

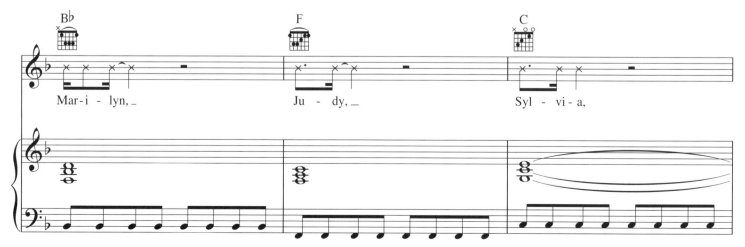

tell 'em how you feel, ___ girls.
Work your blonde, Ben - et ___ Ram - sey, will

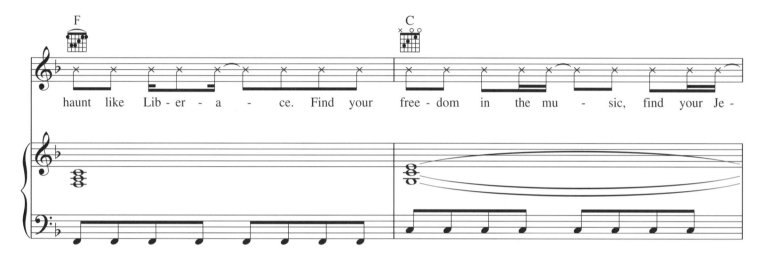

haunt like Lib - er - a - ce.
Find your free - dom in the mu - sic, find your Je -

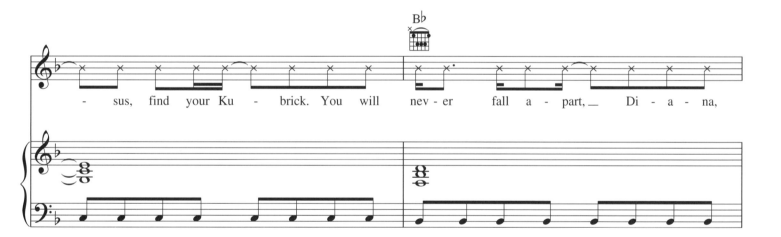

- sus, find your Ku - brick.
You will nev - er fall a - part, ___ Di - a - na,

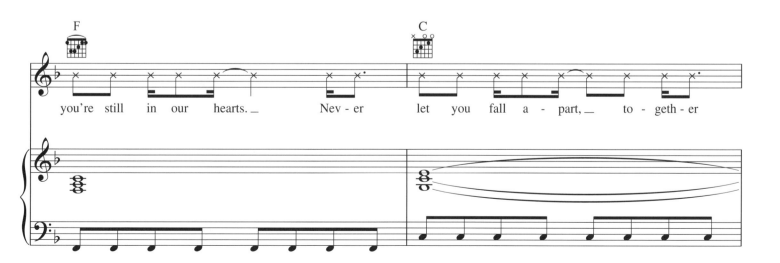

you're still in our hearts. ___
Nev - er let you fall a - part, ___ to - geth - er

42

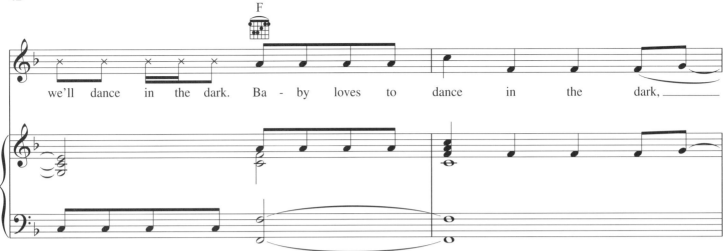

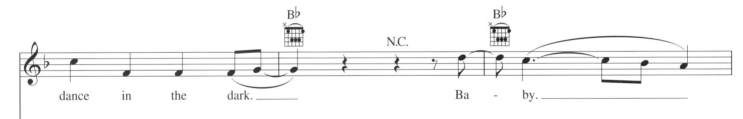

she falls a - part. _____ Ba - by loves to dance, loves to dance in the dark. _

(Dance, dance, dance.)

Repeat and Fade

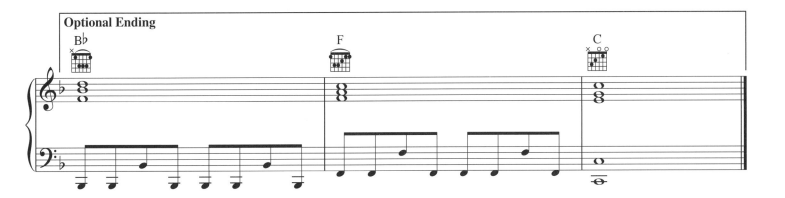

Optional Ending

TELEPHONE

Words and Music by BEYONCÉ KNOWLES,
LASHAWN DANIELS, LAZONATE FRANKLIN,
RODNEY JERKINS and STEFANI GERMANOTTA

Dance Pop

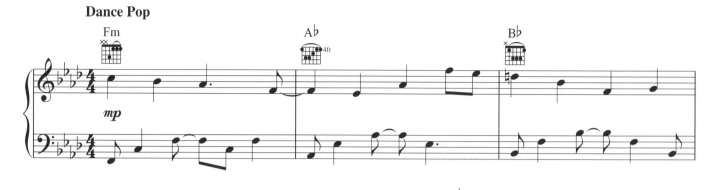

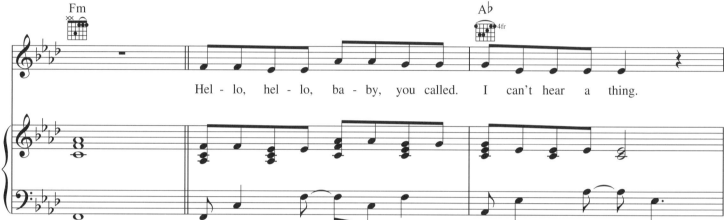

Hel - lo, hel - lo, ba - by, you called. I can't hear a thing.

I have got no ser - vice in the club, you see, see. What, what, what did you say? Oh, you're

break-in' up on me. Sor - ry, I can-not hear you. I'm kind of bus - y, kind,

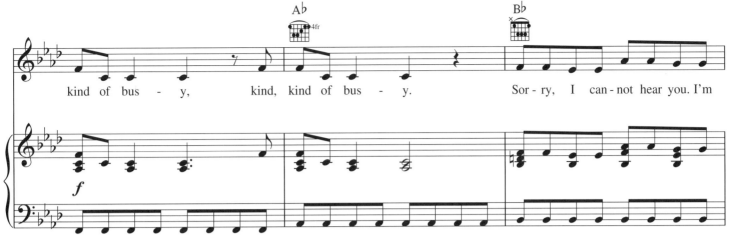

kind of bus - y,   kind, kind of bus - y.   Sor - ry, I can - not hear you. I'm

kind of bus - y.   Just a sec - ond, it's my fav-'rite song they're gon - na play,   and

I can - not text you with a drink in my hand, eh.   You should-a made some plans with me, you

knew that I was free,   and now you won't stop call - in' me. I'm kind of bus - y.

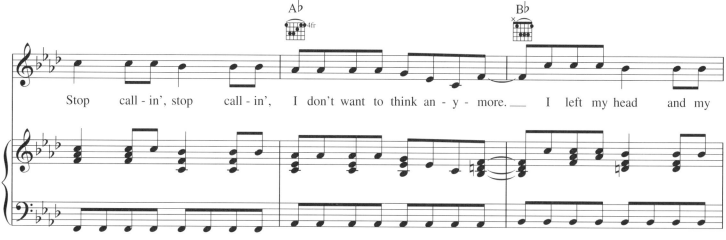

Stop call-in', stop call-in', I don't want to think an-y-more. ___ I left my head and my

heart on the dance ___ floor. Stop call-in', stop call-in', I don't want to talk an-y-more. ___

___ I left my head and my heart on the dance ___ floor. Eh eh eh eh eh eh eh eh

eh eh eh, stop tel-e-phon-in' me, eh eh eh eh eh eh eh eh eh eh. I'm bus-

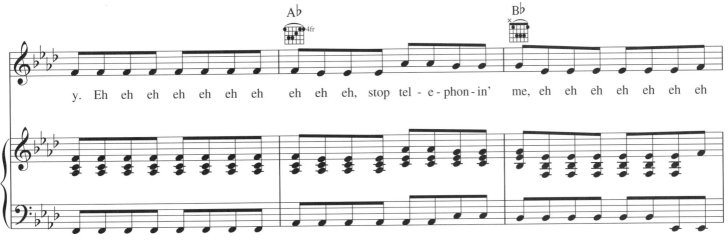

y. Eh eh eh eh eh eh eh eh eh eh, stop tel - e - phon - in' me, eh eh eh eh eh eh eh

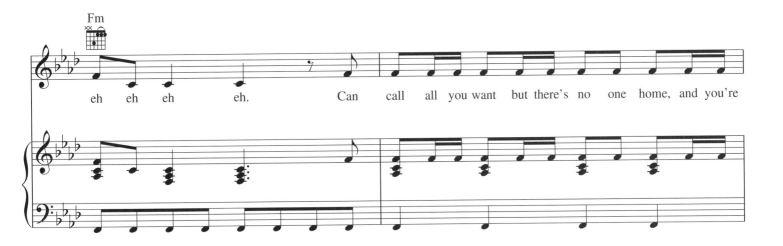

eh eh eh eh. Can call all you want but there's no one home, and you're

not gon - na reach my tel - e - phone. Out in the club and I'm sip - pin' that bub, and you're

not gon - na reach my tel - e - phone. Call all you want but there's no one home, and you're

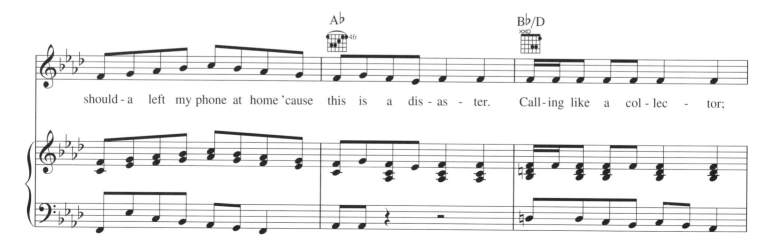

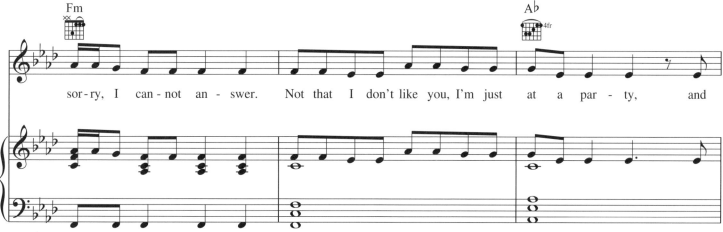

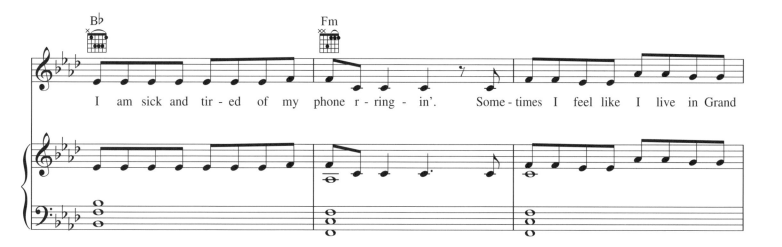

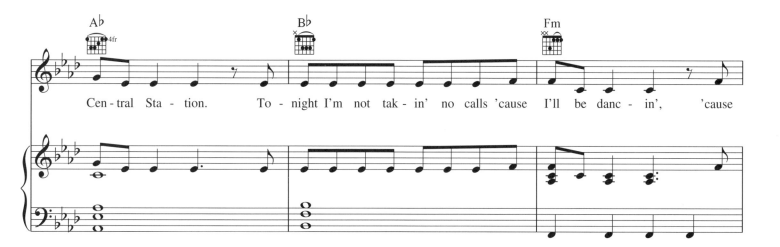

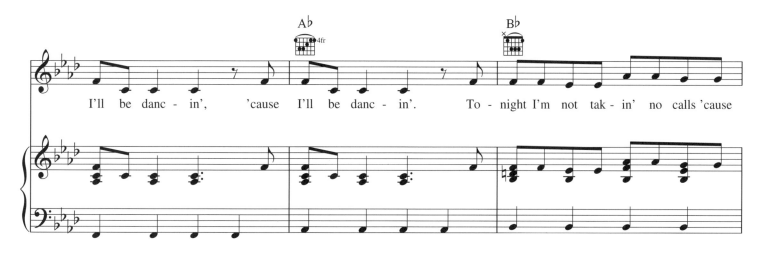

I'll be danc - in'. Stop call - in', stop call - in', I don't want to think an - y - more.

___ I left my head and my heart on the dance ___ floor.

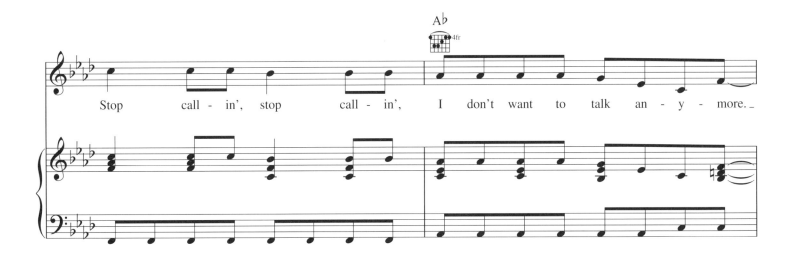

Stop call - in', stop call - in', I don't want to talk an - y - more.

___ I left my head and my heart on the dance ___ floor. Eh eh eh eh eh eh eh eh

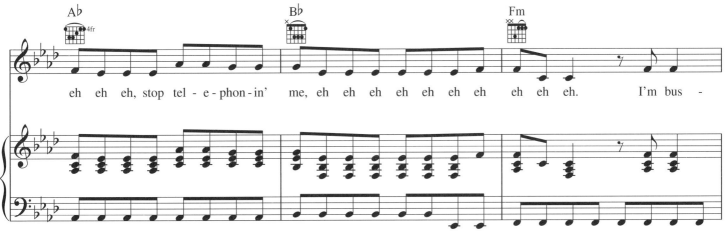

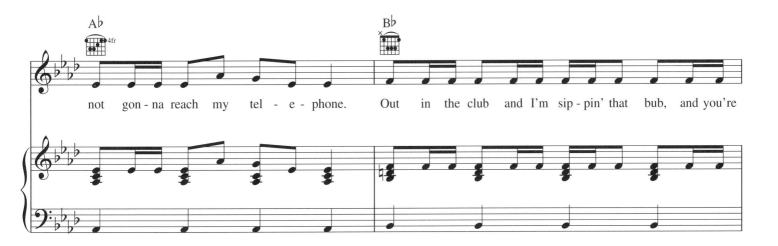

not gon - na reach my tel - e - phone. Call all you want but there's no one home, and you're

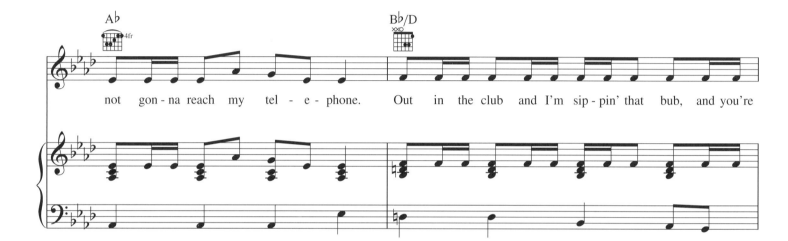

not gon - na reach my tel - e - phone. Out in the club and I'm sip - pin' that bub, and you're

not gon - na reach my tel - e - phone. My tel - e - phone,

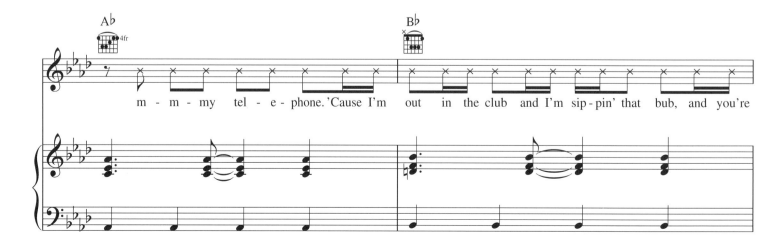

m - m - my tel - e - phone. 'Cause I'm out in the club and I'm sip - pin' that bub, and you're

not gon - na reach my tel - e - phone. My tel - e - phone,

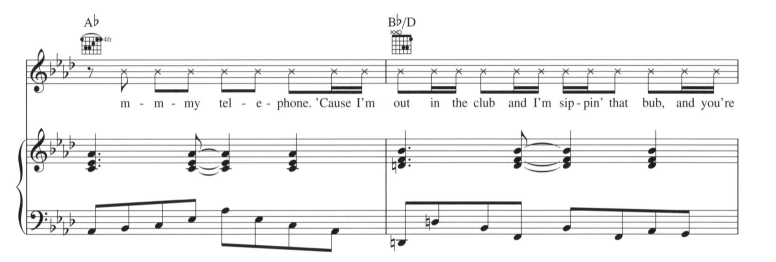

m - m - my tel - e - phone. 'Cause I'm out in the club and I'm sip - pin' that bub, and you're

not gon - na reach my tel - e - phone.

SO HAPPY I COULD DIE

Words and Music by STEFANI GERMANOTTA,
NADIR KHAYAT and NIK DRESTI

Moderate pop feel

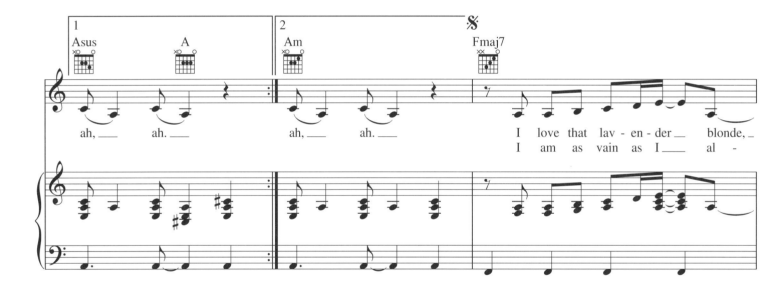

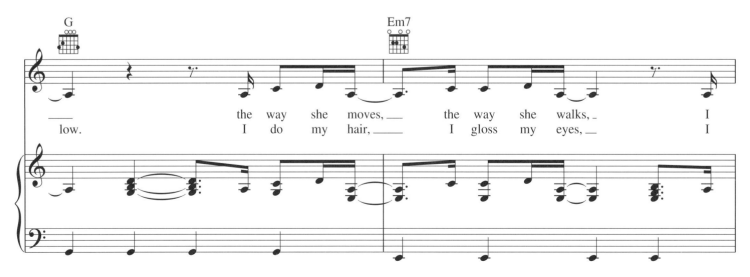

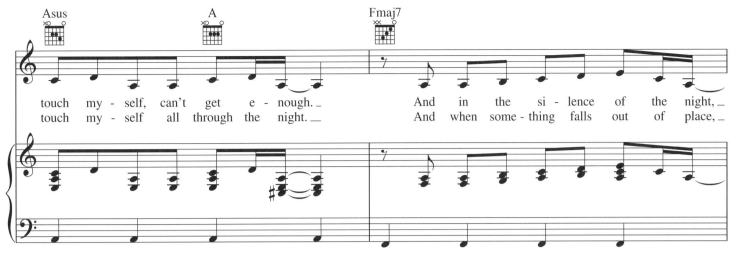

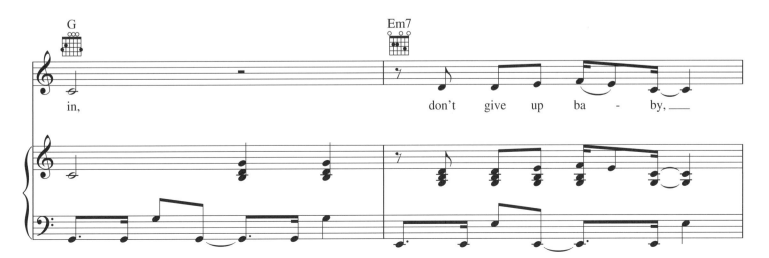

o - pen up your heart and your mind to me. __ Just know

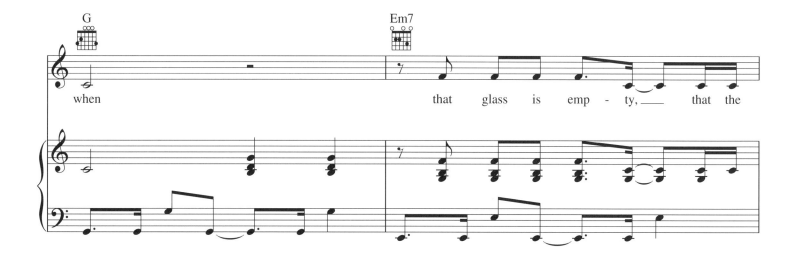

when that glass is emp - ty, __ that the

world is gon - na bend, __ yeah. Hap - py in the club with a bot - tle of red __ wine,

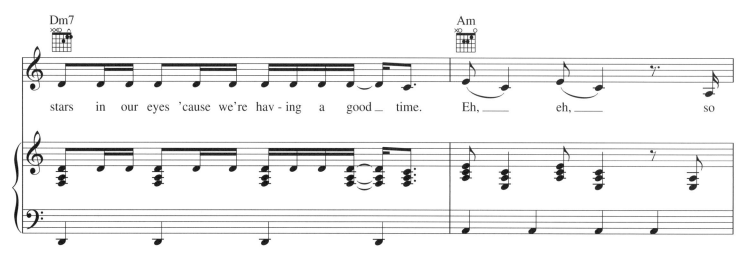

stars in our eyes 'cause we're hav - ing a good __ time. Eh, __ eh, __ so

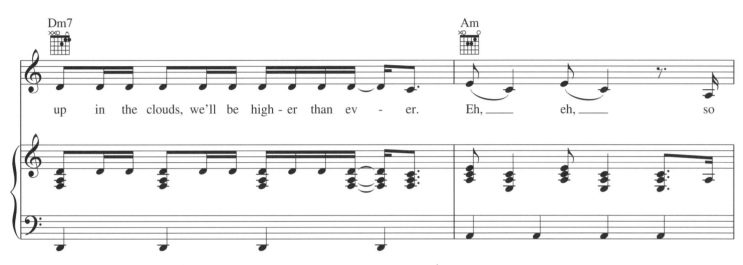

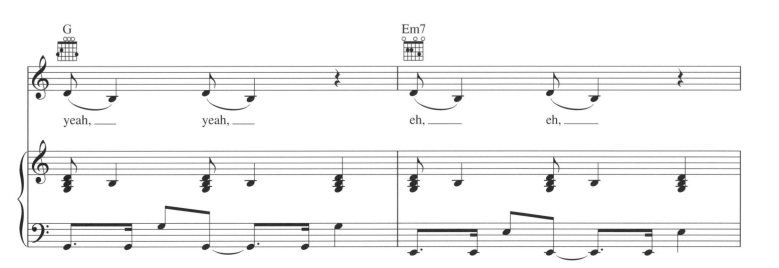

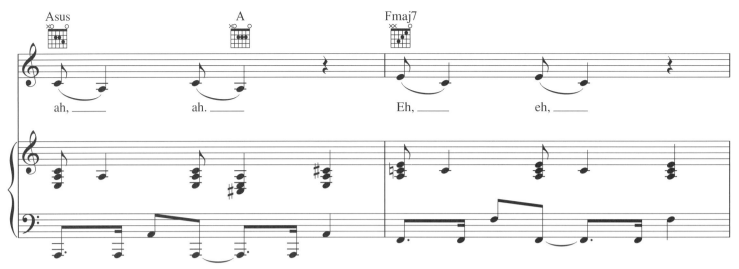

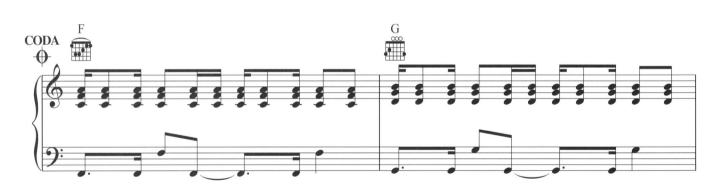

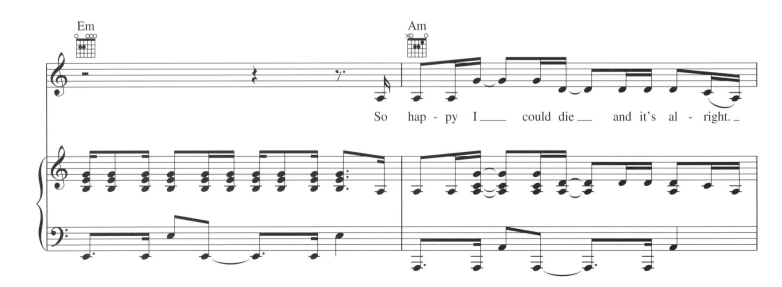

So hap-py I___ could die___ and it's al - right.___

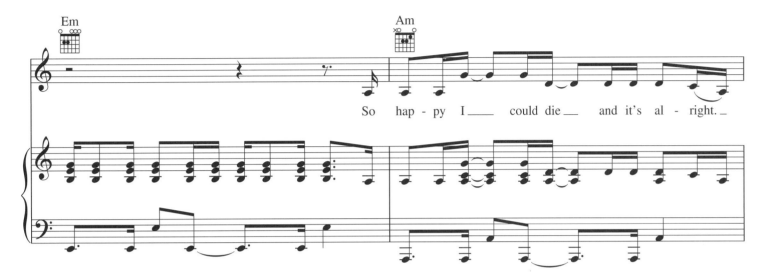

Eh, ___ eh, ___ yeah, ___ yeah, ___ eh, ___ eh, ___ ah, ___ ah. ___

Eh, ___ eh, ___ yeah, ___ yeah, ___ eh, ___ eh, ___ ah, ___ ah. ___

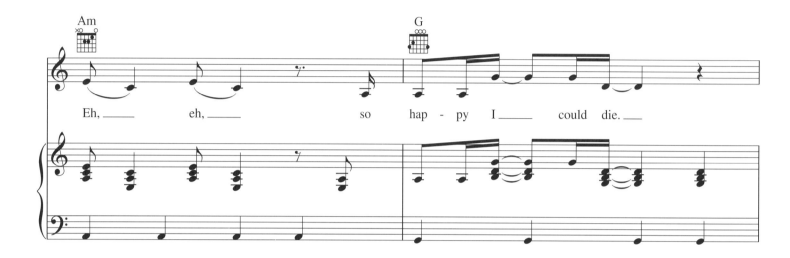

TEETH

Words and Music by STEFANI GERMANOTTA,
PETE WYOMING BENDER and TAJA RILEY

Recorded a half-step lower.

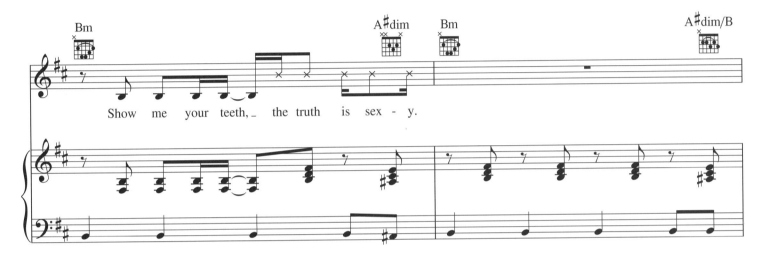

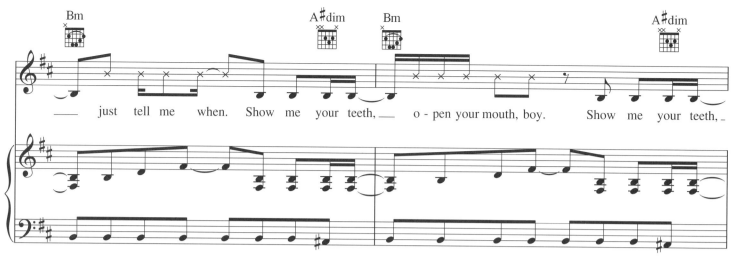

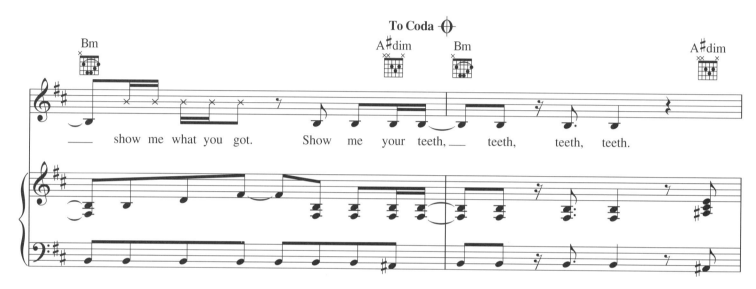

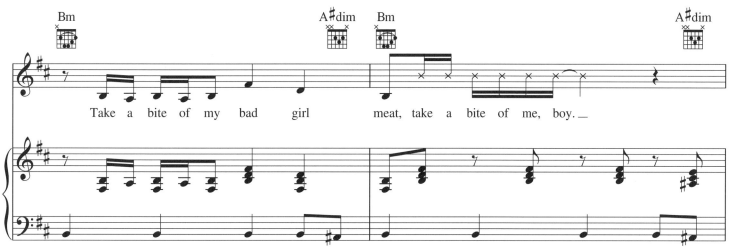

Take a bite of my bad girl meat, take a bite of me, boy. __

Show me your teeth, __ I'm a tough bitch. Got my ad - dic - tions

and I love to fix __ them, no one's per - fect.

Take a bite of my bad girl meat, oh. _____

D.S. al Coda

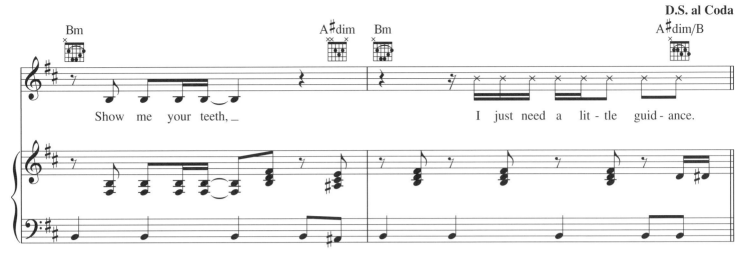

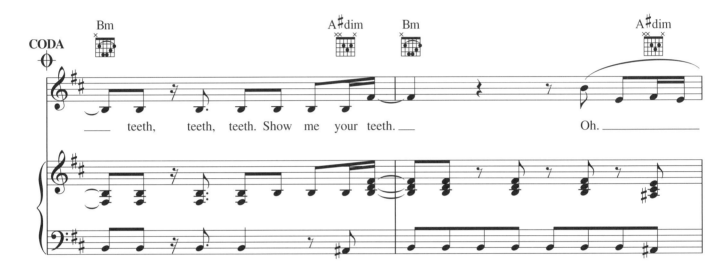

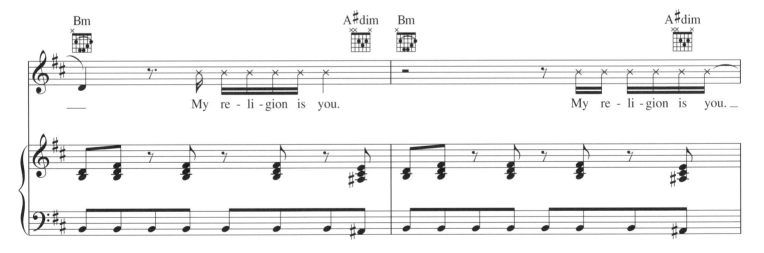

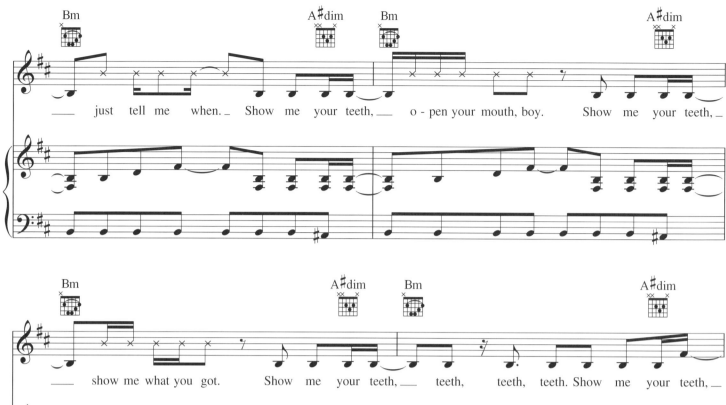

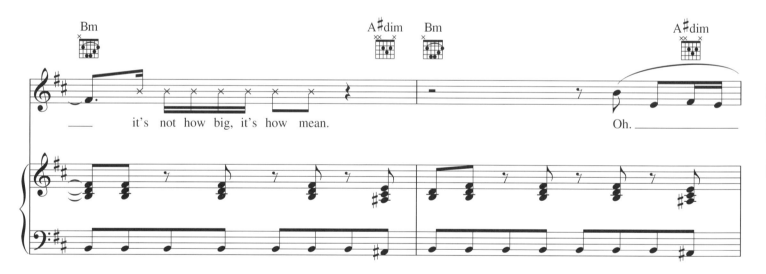

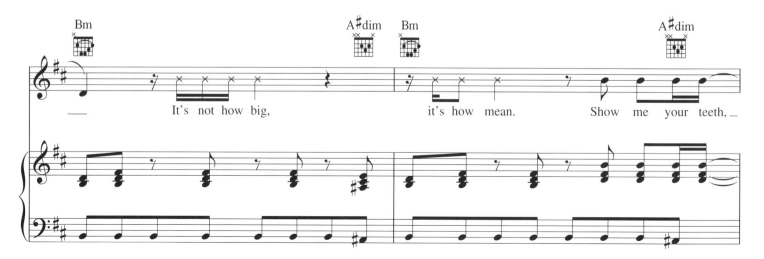

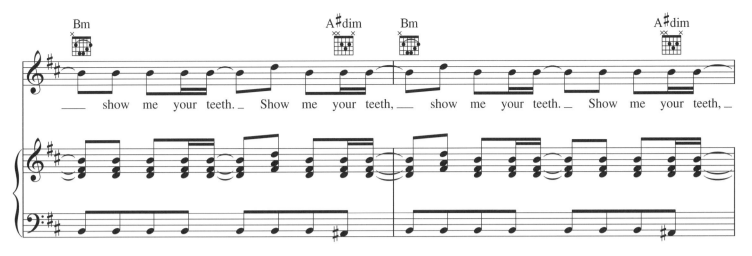

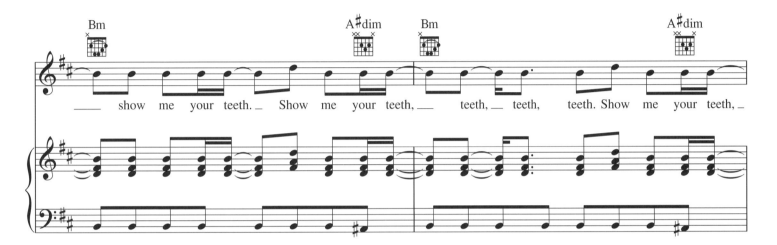

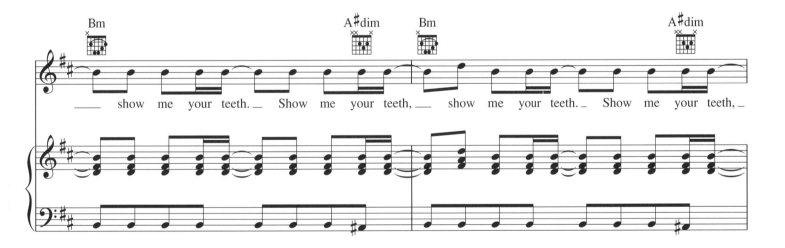

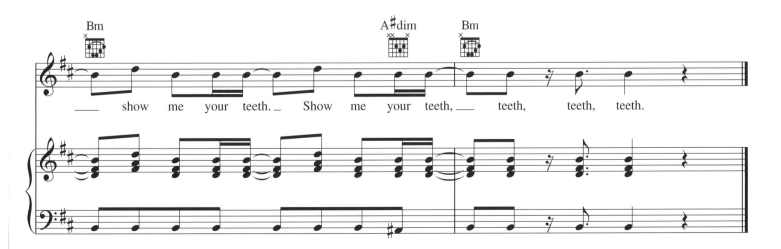